Pregunta esencial
¿Cómo ayudamos a que los
animales sobrevivan?

La protección de las islas

Karen Alexander

CAPÍTULO 1

Islas preciosas

Un tiburón gris nada lentamente por las aguas del arrecife Maro. Los peces se mueven uno tras otro entre los corales. Las aves marinas se zambullen en el agua. Buscan peces para comer. Una tortuga pasa nadando. Está comiendo algas.

Los candiles nadan entre los corales.

Monumento Nacional Marino de las Islas Hawaianas del Noroeste

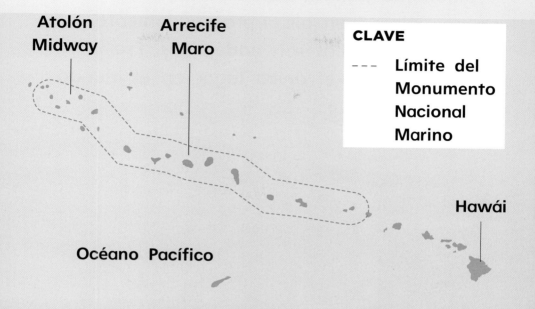

Atolón Midway

Arrecife Maro

CLAVE

--- Límite del Monumento Nacional Marino

Hawái

Océano Pacífico

El Monumento Nacional Marino de las Islas Hawaianas del Noroeste está conformado por islas y atolones, y el océano que los rodea.

El arrecife Maro es parte de las Islas Hawaianas del Noroeste (IHNO). Miles de animales viven allí. Muchos de ellos están amenazados. Algunos incluso corren peligro de **extinguirse**. Las islas han sido declaradas monumento nacional. Eso significa que están protegidas. También lo están todos los animales que viven allí.

El monumento es más grande que Missouri y Oklahoma juntos. Más de 7,000 especies de animales viven allí. Aproximadamente un cuarto de ellas son **endémicas**. Eso significa que es el único lugar en el mundo donde viven.

Nadie vive en las islas.

Un lugar especial

Los monumentos nacionales reconocen que un lugar es especial. Algunos son edificios. La casa de George Washington en Virginia es un monumento nacional. Otros son formaciones naturales. Los enormes secuoyas de California son un monumento nacional.

AHORA COMPRUEBA

¿Por qué el Monumento de las IHNO es importante para los animales que viven allí?

4

CAPÍTULO 2

Un paraíso de corales

Hay muchos arrecifes de coral en el Monumento de las IHNO. Están llenos de plantas y animales que forman parte de su **ecosistema**. El monumento protege a todas las plantas y los animales que viven allí.

Los arrecifes de coral enfrentan muchas amenazas. Una es la contaminación. La población de muchos peces grandes de arrecife está disminuyendo.

Un jurel de aleta azul nada entre los corales.

Los arrecifes de coral en las IHNO están muy bien protegidos. No se permite a nadie pescar en estos arrecifes ni tomar corales. Se necesita un permiso especial para visitar las islas y los arrecifes. Eso mantiene los arrecifes a salvo.

Es importante proteger todo el arrecife, pues todos los animales de allí dependen de los otros para sobrevivir.

¡Los corales están vivos!

Los corales están formados por millones de animales diminutos que toman calcio del agua. Lo transforman en caliza y le dan forma de cuenco. Después viven allí. Los corales necesitan aire, alimento, luz y agua. Tienen diferentes formas. Algunos son como las ramas de los árboles. En los corales viven plantas diminutas. Estas plantas dan su color a los corales.

Algunos animales comen algas y otras plantas **marinas**. Actúan como cortadoras de césped. Evitan que las plantas crezcan demasiado. Los **depredadores** grandes, como los tiburones, evitan que la población de los peces aumente demasiado.

AHORA COMPRUEBA

¿Por qué es importante proteger el arrecife de coral?

El tiburón gris es un depredador.

CAPÍTULO 3

Criadero marino

Muchas aves y otros animales hacen sus nidos en las islas. Para algunas especies de aves, es el único lugar en el mundo donde anidan. El monumento protege estos lugares de anidación.

Casi todos los albatros de Laysan del mundo anidan en las islas. También lo hacen los albatros de patas negras. Algunos albatros de cola corta han comenzado a anidar en el atolón Midway. Son parientes de los albatros de patas negras.

John Klavitter/USFWS/USGS

Un albatros con su pichón

Un albatros de cola corta está sentado con sus pichones.

Morales/age fotostock/SuperStock

Los albatros de cola corta son animales en peligro de extinción. Muchas de sus áreas de anidación han desaparecido. Es emocionante saber que están anidando en el atolón.

El albatros de cola corta es el ave marina más grande de la isla. Mide alrededor de siete pies de ancho con las alas extendidas.

No hay muchos sobrevivientes

A principios del siglo XX, se mataba a las aves por sus plumas. Muchas especies casi fueron exterminadas. Se mataron casi 5 millones de albatros de cola corta.

9

Las tortugas verdes

Solo quedan alrededor de 750 tortugas verdes hawaianas en el mundo. Antes, se las mataba por la carne y los caparazones. Hoy, las amenazan otros peligros. La gente que camina por la playa puede asustar a las tortugas hembras. Eso puede hacer que dejen de poner huevos. Las luces pueden confundir a las tortuguitas recién nacidas. Quizás no puedan encontrar su camino al océano.

El monumento les brinda un lugar seguro para anidar. No hay gente ni luces en las islas.

Una tortuga verde pone sus huevos.

Detective del lenguaje

¿Qué sustantivo en diminutivo encuentras en esta página?

Las tortugas verdes hawaianas van a la orilla para calentarse al sol. Ninguna otra tortuga marina hace eso. No todas las tortugas verdes son verdes. Reciben ese nombre por el color de su grasa. Las tortugas comen algas y otras plantas del océano. Su pico tiene bordes duros. Lo usan para arrancar plantas de las rocas.

AHORA COMPRUEBA

¿Qué dos peligros enfrentan las tortugas verdes hawaianas ahora?

Los animales y la gente

Quedan alrededor de 1,000 focas monje hawaianas en el mundo. La mayoría de las focas viven en aguas muy frías. Las focas monje hawaianas viven en aguas cálidas. <u>Comen langostas, anguilas y peces.</u> Pueden sumergirse a más de 1,600 pies para buscar alimento.

Detective del lenguaje	¿Por qué se usa la coma en la oración subrayada en esta página?

Una foca monje hawaiana

Yusuke Okada/a.collectionRF/amana images/Getty Images

Las focas monje no nos tienen miedo. Esto es peligroso. A veces, las personas les hacen daño. Las focas pueden contagiarse enfermedades de la gente. En la actualidad, la mayoría de las focas monje viven en el Monumento de las IHNO. Allí están a salvo.

Las crías de las focas monje nacen con pelaje negro grueso. Cuando tienen unas seis semanas, les crece pelaje gris.

Un gran paso

En todo el mundo, hay personas que intentan salvar a los animales amenazados. Protegen las playas y las áreas de anidación. Intentan evitar que los desechos vayan al océano. Enseñan a otros a no hacer daño a los animales con acciones descuidadas. Actúan como cuidadores de los recursos del mundo.

Al declarar las Islas Hawaianas del Noroeste como un monumento nacional, se dio un gran paso en la protección de los animales.

Algunos pescadores atan serpentinas a los palangres. Eso ahuyenta a las aves. Les puede salvar la vida.

AHORA COMPRUEBA

¿Por qué la gente es una amenaza para las focas monje?

NOAA

Respuesta a la lectura

Resumir

Usa detalles de *La protección de las islas* para resumir la selección. Usa el organizador gráfico como ayuda.

Detalles

↓

Punto de vista

Evidencia en el texto

1. ¿Por qué *La protección de las islas* es un texto expositivo? Género

2. ¿Por qué escribió la autora este libro? Punto de vista de la autora

3. ¿Qué significa *protección* en la página 14, según el sufijo? Sufijos

4. ¿Por qué las aves marinas pueden anidar sin problemas en las islas? Escribir sobre la lectura

Compara los textos

Lee sobre lo que hace una persona para ayudar a salvar a un animal amenazado.

Pingüinos globales

El Dr. Pablo Borboroglu ama a los pingüinos. Creó la Sociedad Global de Pingüinos para proteger los lugares donde anidan.

Muchas especies están amenazadas. La pesca excesiva hace que se alejen para buscar alimento. Los océanos se están volviendo más cálidos. Eso derrite las **banquisas**. Los derrames de petróleo y los desechos están contaminando los océanos.

El Dr. Borboroglu

(bkgd) Design Pics/Kristy-Anne Glubish, (bl) Whitley Fund for Nature, (cr) Lissa Harrison.

Algunos pingüinos están perdiendo su hogar. La gente construye en tierras donde los pingüinos anidaban.

La salud de los pingüinos nos ayuda a aprender sobre la salud de los océanos. Los pingüinos nadan distancias largas. Dependen de los recursos del océano para sobrevivir.

Los pingüinos viven en muchos lugares del hemisferio sur.

Depredadores perfectos

Los pingüinos parecen torpes al caminar, pero corren tan rápido como la mayoría de la gente. Pueden saltar del agua a la tierra. Nadan con mucha velocidad. Son buenos para atrapar peces y calamares.

El Dr. Borboroglu está tratando de proteger a los pingüinos de esas amenazas. Además, quiere usar a los pingüinos para mostrar las amenazas que enfrentan todos los animales marinos.

A los turistas les gusta mirar a los pingüinos. También generan ingresos necesarios. El Dr. Borboroglu está enseñando con éxito a la gente a beneficiarse sin perjudicar a las aves.

Royalty-Free/CORBIS

Haz conexiones

En *Pingüinos globales*, ¿cómo ha ayudado el Dr. Borboroglu a salvar a los pingüinos? Pregunta esencial

En *La protección de las islas* y *Pingüinos globales*, ¿qué hace la gente en conjunto para resolver problemas? El texto y otros textos

Glosario

banquisa agua de mar congelada que flota en el océano *(página 16)*

depredador animal que atrapa y come a otros animales *(página 7)*

ecosistema animales, plantas y su ambiente *(página 5)*

endémico que vive solo en un lugar en particular *(página 4)*

extinguirse dejar de existir *(página 3)*

marino que vive en el océano o en sus alrededores *(página 7)*

Índice

Enfoque:
Ciencias

Propósito Investigar sobre un animal amenazado

Paso a paso

Paso 1 ▶ Elige un animal amenazado que te interese.

Paso 2 ▶ Investiga todo lo que puedas sobre el animal: dónde vive, qué come, las amenazas a su supervivencia.

Paso 3 ▶ Haz una tabla con el título "Amenazas".

Paso 4 ▶ Escribe en la tabla las amenazas que enfrenta tu animal.

Conclusión ¿Qué podría hacer la gente para ayudar a tu animal?